D1718280

СКАЗОЧНЫЕ ИСТОРИИ ПРО ЧЕБУРАШКУ И КРОКОДИЛА ГЕНУ

КРОКОДИЛ ГЕНА И ЕГО ДРУЗЬЯ

В одном большом городе жил крокодил по имени Гена. Каждое утро он просыпался, умывался, завтракал и шёл на работу в зоопарк. Работал он в зоопарке крокодилом. На его клетке было написано:

АФРИКАНСКИЙ КРОКОДИЛ ГЕНА
ВОЗРАСТ ПЯТЬДЕСЯТ ЛЕТ
КОРМИТЬ И ГЛАДИТЬ РАЗРЕШАЕТСЯ

А в густых джунглях Африки жил неизвестный науке зверь Чебурашка.

Однажды он шёл по Африке и увидел ящик с апельсинами. Чебурашка съел сначала один апельсин, а потом так объелся, что заснул прямо в ящике. А ящик заколотили и на корабле привезли в большой город.

Однажды крокодил Гена дал объявление, что хочет найти себе друга. К нему по объявлению пришёл Чебурашка — неизвестный науке зверь. А потом пришли лев Чандр, жирафа Анюта, известный во всём городе двоечник Дима, обезьянка Мария Францевна и практически круглая отличница Маруся.

— Ой, — сказал Гена. — Мой дом не выдержит такого количества друзей.

И тогда звери и дети решили построить Дом дружбы, в который каждый сможет прийти и подобрать себе друга. Жирафа стала работать подъёмным краном, Чебурашка — заготовителем стройматериалов, а все остальные сделались строителями.

Скоро Дом дружбы был готов. Гена достал специальную книгу и сказал:

— Записывайтесь все, кому нужны друзья.

Но друзья уже никому не были нужны. Все, кто строил дом, уже давно передружились.

В ГОСТЯХ У ЧЕБУРАШКИ

Как вы знаете, Чебурашка жил в телефонной будке. И обычно он ходил в гости к крокодилу Гене, потому что у него дома было слишком тесно.

Они пили чай с конфетами и смотрели мультфильмы по телевизору.

Но однажды Чебурашка сам позвонил Гене.

Он сказал:

— Приходи, Гена, пить чай ко мне. Только чайника у меня нет, — предупредил Чебурашка.

— Хорошо, я принесу свой.

— Гена, а у меня и плитки нет.

Скоро Гена вышел из дома, нагруженный чайником и плиткой. И пошёл.

И тут зазвонил его сотовый телефон — ведь Гена давно уже был не просто Геной, а заведующим панцирным отделом в зоопарке.

— Гена, у меня и конфет нет, и чая, — сообщил Чебурашка.

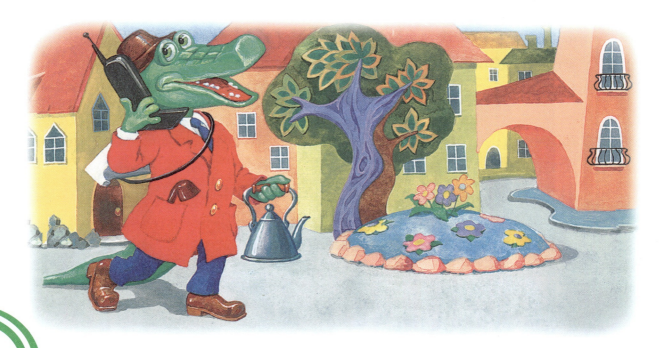

Пришлось Гене зайти в магазин за конфетами и чаем.

Когда друзья попили чаю у Чебурашки, Гена сказал:
— Чебурашка! Если ещё когда-нибудь захочешь угостить меня чаем, приходи прямо ко мне. У меня всё есть — и чай, и сахар, и плитка.

ЧЕБУРАШКА И ЗМЕЙЧИК

Однажды Чебурашка шёл по лесу и заметил на земле, на моховой кочке, яйцо.

Он не знал, что это яйцо очень ужалистой змеи.

Чебурашка поднял яйцо, залез на дерево и положил его в дупло.

А там было гнездо воробьиных сычиков, которые ждали потомство.

И вот начали вылупляться птенчики-сычата.

Вылупился и Змейчик.

Одна куница захотела птенчиков съесть.

Она сунула лапу в дупло.

А Змейчик как ухватит её за коготь!

Куница лапу выдернула вместе со Змейчиком, и он сразу на мох, к маме, упал.

Обе мамы — Змейчика и сычиков — долго благодарили Чебурашку.

СКВОРЕЧНИК ДЛЯ БАБОЧЕК

Приближалась весна. Одна птичка уже прилетела. Гена и Чебурашка решили сделать скворечники. Они достали пилу, доски, гвозди и принялись за дело.

У Гены скворечник получился большой и тяжёлый.

Чебурашка попытался его поднять, но упал вместе со скворечником.

— Ничего, — сказал Гена, — пусть тогда это будет скворечник для собак! Много бездомных собачек бегает, а скворечников для них нет.

А у Чебурашки, наоборот, скворечник получился совсем маленький. Такой маленький, что самый маленький скворец туда забраться бы не смог.

— Ну и ничего, — сказал Чебурашка. — Пусть это будет скворечник для бабочек. Много бездомных бабочек летает, а скворечников для них нет.

ЛЕТАЮЩИЙ ГЕНА

Однажды Гена и Чебурашка отдыхали у реки. Они много купались и загорали.

Рядом ребята велосипедным насосом накачивали резиновую лодку.

Лодка уже хорошо пружинила, а ребятам становилось всё труднее и труднее.

— Ген, — сказал Чебурашка, — возьми насос, помоги ребятам.

— Зачем мне насос? — ответил Гена. — Я и ртом надую.

Но всё вышло по-другому.

Не Гена надул лодку, а лодка надула Гену!

Он стал круглый, точно шар.

Когда Гена раскрыл пасть, он начал со свистом летать над пляжем. Точь-в-точь как шарик, из которого выпустили воздух!

— Всё. Теперь я стал умнее, — сказал, отдышавшись, Гена. — Давайте сюда ваш велосипедный насос.

ГРИБЫ ДЛЯ ЧЕБУРАШКИ

Гена и Чебурашка собирали грибы. Но у них плохо получалось. Всё время попадались мухоморы.

— А давай научим собаку Тобика находить грибы по запаху! — предложил Чебурашка.

Они привели Тобика домой, дали ему понюхать белый гриб и сказали:

— Ищи!

А сами разложили по разным местам много сушёных белых грибов. Когда Тобик находил спрятанный в столе или на полке гриб, он говорил:

— Гав!

Теперь можно было проводить полевые испытания. Гена с Чебурашкой вывели Тобика в лес и скомандовали:

— Ищи!

Тобик быстро куда-то побежал. Гена и Чебурашка бросились за ним.

— Сейчас он найдёт нам целую грибную поляну! — крикнул на бегу Чебурашка.

А Тобик догнал старую бабушку.

Она несла корзину, полную грибов.

Тобик сказал:

— Гав! Гав!

Чебурашка сказал:

— Давай, Гена, будем собирать грибы, как все — без собаки.

И они нашли в тот день много белых грибов — целых два. Зато сами.

И даже Тобика угостили грибным супом.

ЧЕБУРАШКА-ЛЫЖНИК

Пришла зима. Снега насыпало по самые крыши. Однажды Чебурашка сказал Гене:

— Давай купим лыжи! И научимся кататься!

В первую же Генину и Чебурашкину зарплату они купили лыжи с палками. И отправились в ближайшие снежные горы.

У крокодила Гены катание наладилось сразу. Потому что ему очень помогал хвост. Он был как третья лыжа. Гена лихо съезжал с любой горы, даже с самой крутой.

А Чебурашка с любой горы катился кубарем, даже с самой маленькой.

Потом Чебурашка полчаса собирал палки, лыжи, варежки и шапку.

— Нет. Не нравится мне такое катание! — сказал он. — Пойду-ка я домой сушиться.

Когда Чебурашка просох, Гена сказал:

— Я придумал, как мы будем ездить. Это будет блестяще!

И правда — он всё здорово придумал! Чебурашка со своими лыжами садился Гене на хвост, и теперь они весело неслись вниз вдвоём. Даже с самой крутой горы. И Чебурашке уже не надо было сушиться.

А вечером Чебурашка сказал:

— Всё. Хватит просто кататься. Переходим в большой спорт. Будем заниматься слаломом!

— Будем! — согласился сговорчивый Гена.

ШАПОКЛЯК НЕ УНИМАЕТСЯ

Однажды во вторник крокодил Гена увидел на дороге кошелёк и наступил на него ногой.

А кошелёк подбросила старуха Шапокляк. И она так сильно дёрнула за верёвку, что Гена даже шлёпнулся.

Гена знал, что зловредная Шапокляк не остановится. Ведь она обожала обливать прохожих из окна водой.

Пугать по ночам дедушек, стреляя из пугача. И вообще любила хулиганить.

И она снова подбросила крокодилу кошелёк. Сердитый Гена так шаркнул ногой, что Шапокляк сама вылетела из кустов!

— Уважаемая! — сказал старухе Гена. — Давайте лучше устроим соревнование по перетягиванию каната!

В состязании победили Гена с Чебурашкой. Они были более спортивными, чем Лариска и Шапокляк.

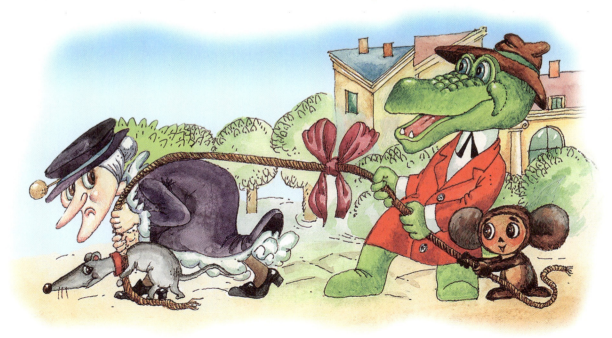

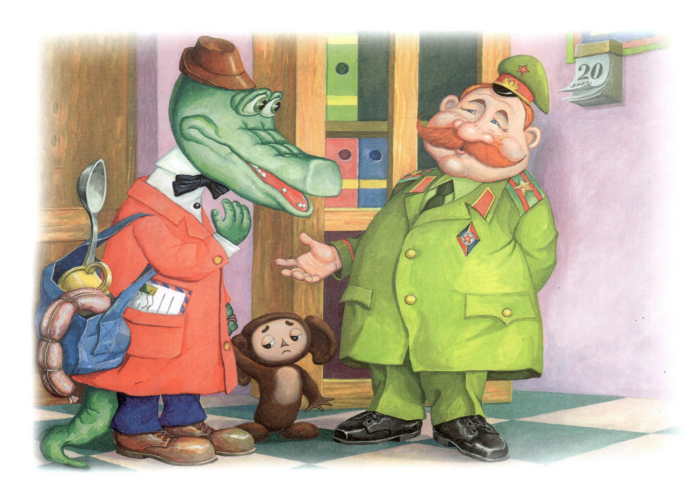

КРОКОДИЛ ГЕНА ИДЁТ В АРМИЮ

Однажды крокодилу Гене пришло письмо с повесткой:

«Предлагается Вам явиться в райвоенкомат в восемь часов утра с кружкой, ложкой и двухдневным запасом еды. Вы призываетесь в ряды действующей армии. Поздравляю. Комиссар Винтовкин».

Гена договорился, что Чебурашка будет поливать его цветы и кормить рыбок на окне. Взял кружку и ложку и вместе с Чебурашкой пошёл на призывной пункт.

Комиссар Винтовкин посмотрел на него и сказал:

— Ой! Какой-то вы зелёный и плоский. И чем-то неуловимо на крокодила похожи.

— А я и есть крокодил.

— Ничего, — успокоил его комиссар. — Не отчаивайтесь. У нас и не такие служат.

Гена был просто замечательным молодым бойцом. Он бросал гранату на полкилометра. В рукопашной схватке хвостом клал на землю пятерых противников сразу. Смело прыгал с парашюта и отлично маскировался.

— Нам бы сто тысяч таких бойцов, — сказал полковник Сиволоцкий, известный десантник. — Нам тогда никакой враг не страшен.

Когда молодые бойцы торжественно принимали военную присягу, ко всем приехали родители. А к крокодилу Гене приехал Чебурашка.

— Вы воспитали хорошего бойца, — сказал полковник Сиволоцкий Чебурашке.

Хотя всё было наоборот. Это крокодил Гена воспитал хорошего Чебурашку.

И Гену перевели в настоящую морскую десантную часть. Гена стал служить на пограничной заставе на скоростном катере.

Кругом было море и горы. Гена был вперёдсмотрящим.

А в наши воды постоянно заходила быстроходная рыболовная шхуна и воровски ловила нашу рыбу. Наши пограничники бросались в погоню за этой шхуной, но она сразу убегала в нейтральные воды. И иностранные рыбаки показывали нашим пограничникам всей командой язык. Мол, обманули дурака на четыре кулака! И всё потому, что у них был мощный мотор.

Капитан пограничного катера Дмитрий Ковалевский (это командир Дмитрий Ковалевский, а катер был «Стремительный») уже отчаялся. Но однажды к нему обратился крокодил Гена:

— Разрешите мне задержать эту шхуну!

— Что вам для этого нужно — пушки, пулеметы, гранаты?

— Ласты, — скромно ответил Гена. — И ракетница.

Как только я выпущу ракету, летите вперёд и смело берите шхуну голыми руками.

Как только иностранная шхуна в очередной раз заплыла в наши воды, Гена надел ласты и смело нырнул. Все замерли. Прошла минута, другая — и ввысь прямо из моря взлетела красная ракета.

Российский катер бросился в погоню.

Как ни странно, пиратская шхуна топталась на месте и никуда не уходила. Её быстро догнали. Наконец-то она была схвачена с поличным!

— Ура! — кричали наши моряки.

И никто им не показывал язык.

— Военнослужащий Гена, как вам удалось задержать эту шхуну? — спросил у Гены начальник всего флота, когда награждал его медалью «За отвагу, смелость, героизм и нырятельность».

— Очень просто, — ответил Гена. — Я под водой погнул у них руль.

Это была первая медаль, которую получил Гена за время своей службы на флоте. О других медалях мы расскажем в следующий раз.

НОВОСЕЛЬЕ ЧЕБУРАШКИ

Как вы помните, ребята, Чебурашка работал в детском саду игрушкой, а жил в телефонной будке.

Работа у Чебурашки была не сахар. Ребята в детском саду таскали его на руках, катали на коляске, закутывали его. Давали ему лекарства:

— Ой, наш Чебурашка совсем заболел! Вон как у него уши распухли! Давайте его срочно лечить!

Иногда Чебурашку купали понарошку. Но воду наливали настоящую.

— Ой, — кричали дети, — бедный Чебурашка совсем промок! Давайте будем его выжимать!

— Давайте не будем! — говорила воспитательница и долго-долго сушила Чебурашку на батарее.

Телефонная будка Чебурашки выходила на улицу, и шум грузовиков и троллейбусов плохо успокаивал Чебурашку, особенно по ночам. Поэтому Чебурашка часто спал на работе.

И вот они вместе с крокодилом Геной написали письмо мэру города Дружкову:

«Уважаемый мэр!

Я — Чебурашка. Работаю игрушкой в детском саду номер восемь. Живу в телефонной будке. Занимаю жилую площадь размером в половину метра. Прошу увеличить площадь. Хочу получить квартиру».

Они отнесли письмо в Моссовет и отдали строгой тёте на табуретке у входа с двумя парами очков и пистолетом на боку. Тётенька прочитала письмо и сказала:

— Ну что же, будем рассматривать. Сейчас все хотят получить квартиру. Люди буквально ни о чём не думают! А такой площади — полметра — не бывает. Мы пришлём комиссию.

Когда они вышли из Моссовета, Чебурашка сказал:

— Гена, я эту тётеньку узнал. Это старуха Шапокляк. Она не будет нам помогать.

Через несколько дней к Чебурашке пришла комиссия. Это был один толстый дядя в галстуке, с портфелем. Он спросил:

— Вам какая квартира нужна — хорошая или плохая?

— Хорошая, — сказал Чебурашка.

— Жаль, — сказал дядя. — А давайте мы в вашей будке сделаем второй этаж. Мы сразу удвоим вашу площадь. Или положим её набок.

— Нет, — твёрдо отказался Чебурашка.

Прошёл месяц, никто Чебурашке квартиру не давал. Тогда крокодил Гена решил устроить пикет у Моссовета.

Все пришли: лев Чандр, жирафа Анюта, обезьянка Мария Францевна и даже собака Тобик с плакатом: «Мы за Чебурашку!» Ребята из детского сада, где работал Чебурашка, кричали:

— Чебурашке — жильё! Чебурашке — жильё!

Приехал мэр города Дружков под охраной старухи Шапокляк. Старуха пыталась оттеснить народ, но Дружков прочитал плакат и сказал:

— Завхоза Жулиманова ко мне!

Пришёл дядя с портфелем, который был комиссией. И мэр приказал ему:

— Немедленно выделить Чебурашке последнюю построенную квартиру!

— Но она уже выделена высокопородистой собаке Бобику ответственного товарища Шарикова.

— Вот и передайте её Чебурашке. А породистый Бобик пусть живёт в телефонной будке.

И через неделю Чебурашка получил новую квартиру. На новоселье пришли все, кто был в пикете. И Чандр, и Анюта, и крокодил Гена. И каждый что-то принёс Чебурашке в подарок.

ЧЕБУРАШКА СМОТРИТ ТЕЛЕВИЗОР

Когда Чебурашка получил новую квартиру, детский сад подарил ему мебель. А потом стали приходить друзья и дарить подарки. Пришёл лев Чандр и принёс телевизор.

— Спасибо, Чандр!

Пришла жирафа Анюта и подарила телевизор.

— Большое спасибо, Анюта!

Пришёл крокодил Гена и принёс телевизор.

— Спасибо тебе, Гена!

У Чебурашки вся квартира получилась в телевизорах.

В кухне был телевизор.

В комнате был телевизор.

В лоджии был телевизор.

Даже в ванной был телевизор.

А под конец ещё обезьянка Мария Францевна пришла тоже с подарком.

— Огромное спасибо, Мария Францевна! Мне этого телевизора так не хватало!

Пришлось Чебурашке все эти телевизоры смотреть.

Делает Чебурашка утром зарядку — смотрит телевизор. Там идёт приключенческий фильм «Белая мафия в Чёрной Африке».

Садится Чебурашка завтракать — смотрит телевизор. А там идёт многомесячный сериал «Санта-Вышний Волочок». Про то, как жулики дорогую ткань лавсан воруют. А милиция им помогает.

Сядет Чебурашка в ванну, включит телевизор, а там многосерийный фильм идёт — «Безжалостные морские грабители». Как весёлые пираты у всех деньги отбирают.

И что-то у Чебурашки в голове перепуталось.

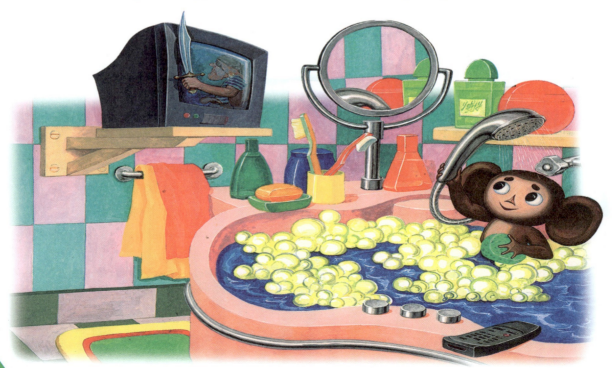

Куда он ни посмотрит, всюду ему эти телефильмы и телегерои мерещатся.

Полезет Чебурашка в шкаф за осенним пальто, а в шкафу «безжалостный морской грабитель» сидит, Чебурашкины валенки примеряет.

Чебурашка бежать:

— Караул!

Полезет Чебурашка в холодильник — там представитель белой мафии сидит: весь в инее, во рту пельмень, а из пистолета сосулька высовывается.

А «лавсановый жулик» в это время под письменным столом ткань разложил для продажи. И кричит Чебурашке:

— Покупайте лавсан! Дешёвый товар, ворованный!

Перепугался Чебурашка и позвонил Гене:

— Гена, у меня тут какие-то страшные люди поселились и привидения. Бери большой веник и палку, будем их прогонять.

— Это не метод, — ответил Гена.

Доктор, которого Гена привёл к Чебурашке, был в белом халате и с молоточком.

Он осмотрел Чебурашку и говорит:

— Будем быстро лечить.

Доктор оставил Чебурашке два килограмма успокаивающих пилюль и велел принимать каждый день двести штук. А когда уходил, шепнул Гене на ухо:

— Острый телевизионный синдром с галлюцинозом.

Чебурашка выпил три пилюли и упал. Он спал сутки. За это время Гена вытащил предохранители из всех телевизоров.

Без телевизоров Чебурашка сразу выздоровел. Все привидения и кошмары исчезли. Так, изредка, из пылесоса выскочит чья-то захудалая тень. Или из холодильника на пол вывалится какой-нибудь преступник и растает.

А свои телевизоры Чебурашка в детский сад отнёс. Нет, дети их не смотрели. Дети из телевизоров пирамидки строили и паровозики. А иногда сцену из них делали и песенки пели.

Дети в этом саду здоровые были.

СКАЗОЧНЫЕ ИСТОРИИ ПРО ДЯДЮ ФЁДОРА, ШАРИКА И КОТА МАТРОСКИНА

МАТРОСКИН И ШАРИК ССОРЯТСЯ

Однажды кот Матроскин и Шарик поссорились.

— Знаешь что, — говорит Матроскин, — я свою родственницу рысь позову! У неё такие зубы — она тебе покажет!

— А я свою родственницу собаку бультерьера позову. У неё ещё больше зубы. Она твоей рыси ещё больше покажет!

— А я леопарда позову! Он твоего бультерьера — одной лапой!

— А я гепарда позову, — говорит Шарик. — Он твоего леопарда — двумя лапами!

— А гепард — это кошка, — говорит Матроскин. — И он за тебя не будет!

— Тогда я собаку Баскервилей* позову! — кричит Шарик. — Она за меня будет! У неё такие зубищи — она твоего леопарда за две минуты съест.

— А я льва позову, — говорит Матроскин. — У него зубы ещё больше. Он твою собаку за одну минуту съест и ошейник выплюнет.

---

* Страшная собака породы мастиф из повести А. Конан Дойла «Собака Баскервилей» (прим. ред.).

Дядя Фёдор слушал, слушал их разговор и вмешался:

— А я своего папу позову! У него таких зубов нет, зато ремень есть замечательный. Он вам так задаст, что никакие зубы не понадобятся.

И Матроскин с Шариком сразу помирились. Они папиного ремешка больше всех зубов на свете испугались.

КОТ МАТРОСКИН И КОРОВА МУРКА

Корова Мурка всю зиму в сарае прожила. Света белого практически не видела. И вот наступила весна. Пора всех коров в поле выпускать. И решил дядя Фёдор для Мурки праздник устроить. Кот Матроскин большой лозунг написал:

«БУДЬ ЗДОРОВА, РОДНАЯ КОРОВА!»

Поставили журнальный столик перед сараем. Накрыли скатертью, разложили пирожные. Приготовили громкую музыку из проигрывателя. Матроскин лично сплёл венок из одуванчиков. И дверь коровника открыли.

Увидела Мурка зелёный луг, синее небо и жёлтое солнце — и стала, как молодой телёнок, прыгать и скакать. Наступила она на журнальный столик — пирожные во все стороны полетели!

— Спасайся кто может! — закричал Шарик. И первым в свою будку забрался.

Дядя Фёдор стоит бледный, прижавшись к забору. Матроскин сразу на крыше оказался. Он как вспом-

нит свою котовую молодость, как прыгнет с крыши, как схватит скатерть, как набросит её на Мурку! Мурка сразу успокоилась и затихла.

И только после этого праздник начался. Но Мурка, как была бестолковой коровой, так ею и осталась. И первым делом съела бумажный лозунг:

«БУДЬ ЗДОРОВА, РОДНАЯ КОРОВА!»

ПЕЧКИН ПРОТИВ ХВАТАЙКИ

Однажды почтальон Печкин прибежал к дяде Фёдору и кричит:

— Вашего галчонка надо в милицию сдать! Он около магазина у одного младенца в коляске изо рта соску вытащил.

— Подумаешь, соска! — говорит Матроскин. — Цена ей три копейки.

— Сегодня соска, — говорит Печкин, — завтра — кольцо золотое.

И тут как раз галчонок Хватайка влетает, а в клюве держит часы на цепочке.

— Вот, — говорит Печкин, — надо вашему галчонку наручники на клюв надевать.

— Верно, — говорит дядя Фёдор. — Хватайка, он несмышлёный. Он что хочешь может утащить: хоть ключи от машины, хоть серёжку из уха у какой-нибудь бабушки.

— Представляю себе картину, — добавляет кот, — Хватайка серёжку тащит, а бабушка на него клюшкой замахивается. И может его треснуть.

— Я и говорю, — соглашается Печкин. — Надо ему клюв резинкой замотать.

53

— Нет, — говорит дядя Фёдор. — Мы что-нибудь другое придумаем.

Дядя Фёдор целый день думал. И купил Хватайке колокольчик на шею. Когда Хватайка на что-нибудь нацеливался, все ему говорили:

— Кыш!

И не надо было его клюшкой трескать.

ШАРИК И БОБРЁНОК

Однажды Шарик с фотоохоты вернулся не с пустыми руками. Он зверька принёс. Вытряхнул его из сумки и говорит:

— Вот кого я от смерти спас!

— Как так от смерти спас? — спрашивает кот Матроскин.

— А так. Шёл я по берегу, а он на краю сидит. Испугался меня и в воду — прыг! Еле-еле я его выловил.

— Да это же Бобрёнок, — говорит Матроскин. — Он в воде живёт. Ты его, можно сказать, из дома родного вытащил. Спасибо тебе!

— А что теперь делать? Может, его в таз с водой положить? — говорит Шарик.

— Тебя надо самого в таз с водой положить, — говорит Матроскин. — Дай ему молока и положи в коробку от ботинок. А завтра, Шарик, ты его на место отнесёшь.

Утром проснулся дядя Фёдор и слышит что-то странное: др-др, др-др. Смотрит — кругом стружки и опилки, а в середине Бобрёнок сидит и ножку стола зубами обтачивает.

— Хорошо, что я вчера всю посуду со стола убрал, — говорит Матроскин. — А то бы мы остались совсем без тарелок, с одними вилками.

Дал он Шарику сумку и сказал:

— Беги на речку прямо без завтрака и отнеси эту «лесопилку» родителям. Да смотри — больше из речки никого не вылавливай. Мы не миллионеры какие-нибудь.

Так что всё очень хорошо кончилось. Только пришлось новый стол покупать.

ОШИБКА ПОЧТАЛЬОНА ПЕЧКИНА

У дяди Фёдора в доме на потолке было солнышко специальное — домашнее. Его можно было теплее и холоднее делать. А почтальон Печкин всё интересовался:

— Почему это у всех зимой дым из трубы идёт, а у дяди Фёдора нет?

Приходит он к дяде Фёдору:

— Я вам газету «Современный почтальон» принёс.

А сам глазами в печку уставился: в печке-то дрова не горят, а в доме тепло. А солнца домашнего не видит, потому что оно у него над головой висело.

Дядя Фёдор говорит:

— Мы такой газеты не выписываем. — И ручку подкрутил, чтобы солнце Печкина сильнее грело.

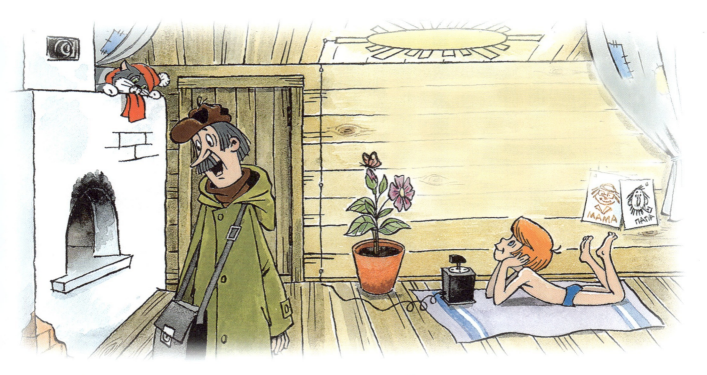

Печкину совсем жарко стало. Он говорит:

— Дайте мне градусник. Что-то жар у меня.

Дали ему градусник.

— Нормальная температура, — говорит Печкин, — тридцать шесть и шесть у меня.

— Да у вас же сорок два! — кричит кот. — Тридцать шесть у вас — и ещё шесть. Сколько вместе будет?

Печкин подсчитал на бумажке. Сорок два вышло.

— Ой, мама! Всегда мне от вас неприятности одни. Не любите вы почтальонов!

А они почтальонов любили. Просто они Печкина не любили. Это он с виду добренький, а сам вредный был.

ВЕСНА В ПРОСТОКВАШИНО

Однажды Дяде Фёдору в Простоквашино посылка пришла, а в ней письмо лежало:

«Дорогой дядя Фёдор! Пишет тебе твоя любимая тётя Тамара, бывший полковник Красной Армии. Тебе

пора заняться сельским хозяйством — как для воспитательности, так и для урожая.

Морковь надо сажать по стойке «смирно». Капусту — в шеренгу через одного.

Тыкву — по команде «вольно». Желательно около старой помойки. Тыква всю помойку «высосет» и станет огромной. Подсолнух хорошо растёт подальше от забора, чтобы его не съели соседи. Помидоры надо сажать прислонёнными к палкам. Огурцы и чеснок требуют постоянного удобрения.

Это я всё прочитала в уставе сельскохозяйственной службы.

Семена я покупала стаканами на рынке и все ссыпала в один мешочек. Но ты на месте разберёшься.

Не увлекайся гигантизмом. Помни о трагической участи товарища Мичурина*, который погиб, упав с огурца. Всё. Мы всей семьёй тебя целуем».

От такой посылки дядя Фёдор пришёл в ужас.

Он отобрал себе несколько семечек, которые хорошо знал. Он посадил на солнечном месте семечки подсолнуха. Посадил около помойки семечки тыквы. И всё. Скоро у него всё выросло вкусное, свежее, как в учебнике.

Зато почтальон Печкин набил полные карманы семян и побежал их разбрасывать на свой участок.

У дяди Фёдора было немного работы. Он только поливал свои семена и убирал сорняки.

Матроскин и Шарик занялись капустой. Шарик задними лапами землю вскопал лучше любого трактора.

Матроскин всё у соседей про уход за капустой узнал. И посадил рядом с каждым кочаном капусты огурец. И в середину каждого кочана он запихнул один огурчик. И когда осенью кочан закрылся, внутри него всю зиму находился свежий огурец.

---

* И. В. Мичурин (1855–1935) — русский учёный-селекционер, автор многих сортов ягод, овощей и фруктов (прим. ред.).

А у Печкина выросло много чего. Прежде всего — отличные сорняки. Потом — что-то похожее на морковь. Только размер был какой-то невиданный. Каждая морковка была не больше спички.

Что касается кабачков, ему повезло. Их выросло больше тысячи. И все они поместились в одну кастрюльку.

Осенью дядя Фёдор собрал друзей и сказал:

— Всё. С самодеятельностью кончаем. Всю зиму будем читать книги про огороды. А потом я приму у вас экзамен. Только после этого вам будет открыт путь в огород.

И это правильно, ребята.

КАК КОТ МАТРОСКИН КРЫШУ КРАСИЛ

Однажды кот Матроскин решил крышу дома покрасить. Очень она была облезлая. Это было в июле. Июль почему-то считается самым крышекрасительным сезоном.

Он пришёл в сельский магазин. Его продавцы спрашивают:

— Вам какую краску нужно: хорошую или дешёвую?

— Дешёвую, — сказал Матроскин.

Дали ему дешёвой жёлтой краски. Он сделал специальную лесенку, чтобы забираться на крышу, и покрасил крышу красиво, ярко. Краска была жидкая, красить было легко.

— Вот какой я молодец! — хвастался Матроскин. — И крышу покрасил, и деньги сэкономил.

Только на вторую же неделю от первого дождя вся краска с крыши слезла и на земле оказалась. Только кое-где её жёлтые куски по швам прилипли.

Матроскин снова в сельский магазин пошёл. Продавцы его спрашивают:

— Матроскин, а Матроскин, тебе какую краску надо: хорошую или дешёвую?

— Давайте среднюю, — просит Матроскин.

Дали ему среднюю краску, целую банку зелёного цвета.

Он снова на крышу полез, весь день бился: красил, красил и красил. Даже сам от старания зелёным стал.

Всё хорошо. Только через неделю предыдущая жёлтая краска, которая в швах оставалась, на дыбы встала и вся кудрями завилась. А вслед за ней стала завиваться и сползать на землю зелёная.

Шарик на землю упал и от смеха кататься начал. Катался, катался, пока весь в жёлто-зелёный цвет не выкрасился.

Тут дядя Фёдор вмешался:

— Вот что, Матроскин, сдери-ка ты все эти кудри и купи самой лучшей краски. Лучше всего красной. И снова покрась крышу как следует. И увидишь, что будет.

Так Матроскин и сделал. Пошёл в магазин, купил самую лучшую краску и начал работать. Эта красная краска была самой трудной: густой и липкой. Зато домик вышел загляденье — красивый, как новая сыроежка.

Матроскин после этого сразу успокоился и сказал Шарику:

— Шарик, на всю жизнь запомни: бедные люди должны покупать только дорогие вещи!

ДЕНЬ РОЖДЕНИЯ ПОЧТАЛЬОНА ПЕЧКИНА

Родители Печкина родили его ранней-ранней осенью — 1 сентября. В самое удобное время, когда созревают все фрукты и витамины, когда полно солёных грибов и огурцов.

И Печкин решил 1 сентября устроить приём для гостей: дяди Фёдора, Шарика и кота Матроскина.

«Интересно, что они мне подарят? — думал он. — Мне очень мотоцикла не хватает».

Ну откуда у дяди Фёдора мотоцикл? Дядя Фёдор решил на рынке купить пять цыплят Печкину в подарок. Пусть кур растит, а не подглядывает за всеми.

Кот Матроскин решил Печкину козлёнка подарить — козочку. А то он всё время приходит и бесплатное молоко у Матроскина пьёт.

Ну а Шарик много фотоплёнки приготовил, чтобы день рождения Печкина сфотографировать, а потом фотографии Печкину подарить.

Вот наступил день рождения. Кот Матроскин козочку вымыл, большим подарочным бантом перевязал и повёз её на тележке.

Дядя Фёдор цыплят в свою зимнюю шапку положил и пошёл с ним рядом. Шарик всё это фотографировал.

Когда они подошли, Печкин им навстречу вышел:

— Ой, какая красивая тележка! Спасибо вам за такой подарок. Ой, какая красивая шапка! Большое спасибо вам за такой подарок! — Хотя никто ему тележку и шапку дарить не собирался.

Но делать нечего, пришлось ему и тележку, и шапку отдать, а то он сильно огорчился бы.

Тут Печкин цыплят увидел:

— А это что?

— Цыплята.

— Нет, — говорит Печкин. — Мне цыплят не нужно. За ними уход требуется.

— Но это дорогие цыплята, — объясняет Матроскин. — Породистые. Они денег стоят.

— Вот вы мне деньгами и отдайте, — просит Печкин.

— И козочка вам тоже не нужна? — спрашивает Матроскин.

— Я подумаю два дня, — говорит Печкин, — а потом отвечу.

Делать нечего. Пошёл дядя Фёдор домой за деньгами. Пришёл и отдал их Печкину.

Потом они пили чай у Печкина, ели солёные огурцы, и Печкин играл им на гармошке народные песни. Шарик всё это фотографировал.

Когда шли домой, Матроскин очень сердито ворчал:

— Понимаешь, дядя Фёдор, получилось так, что мы два раза этих цыплят купили — один раз на рынке, один раз у Печкина. Хотя они нам ни разу не были нужны.

— Зато у нас теперь каждый день будет своя яичница, — ответил дядя Фёдор. — Мне продавец сказал, что это очень хорошие куры. Они по два раза в день несутся.

Больше всего Матроскин боялся, что через два дня к ним Печкин придёт и попросит козочку деньгами подарить.

Но Печкин с козочкой не пришёл. За два дня он к ней привык как к родной.

Скоро Шарик Печкину фотоальбом принёс: «Почтальон Печкин лично встречает гостей», «Почтальон Печкин лично принимает тележку», «Почтальон Печкин играет на гармошке».

А больше всего Печкину такая фотография понравилась: «Огурцы почтальона Печкина».

Печкин сказал:

— Ну просто как живые! Когда они у меня в банке кончатся, я буду на фотографию смотреть и огурцы вспоминать. Очень вкусная фотография!

ДЕНЬ РОЖДЕНИЯ ДЯДИ ФЁДОРА

Дядя Фёдор твёрдо знал, когда у него день рождения. Он родился осенью — в октябре.

В день рождения дяди Фёдора кот Матроскин решил сочинить ему стихи. Он сидел за столом и писал:

> Я добрых слов не пожалею
> И дяде Фёдору к юбилею
> Стихотворение создам,
> А потом ему отдам.

Пёс Шарик всё это время вертелся рядом и мешался.

Матроскин дальше сочиняет:

> Дорогой мой дядя Фёдор,
> Ты красив, как... как...

— Помидóдор! — кричит Шарик.

— Какой такой помидодор? — возмущается Матроскин. — Не лезь уж!

И продолжает:

> Дядя Фёдор, милый друг,
> Ты нам дорог, как...

— Утюг! — кричит Шарик.

— Какой такой утюг? — спрашивает Матроскин.

— Электрический! — говорит Шарик. — Очень дорогой.

Матроскин просит:

— Слушай, Шарик, уйди, пожалуйста, не мешай.

И продолжает:

> Никогда не унывай,
> Будь блестящим, как...

— Трамвай, — подсказывает Шарик.

— Отвяжись, — говорит Матроскин и дальше сочиняет:

> Шагаем вместе мы вперёд,
> И очень любим мы...

— Компот! — кричит Шарик.

Матроскин спрашивает:

— Больше ты ничего не придумал?

— Суп, котлеты... — говорит Шарик.

— Ну вот что, — плюнул Матроскин, — ты эту ерунду можешь и без меня сочинять. Я лучше фотоальбом для дяди Фёдора сделаю.

Он ушёл.

А Шарик взял все черновики Матроскина, переписал и подарил дяде Фёдору.

> Дорогой наш, дядя Фёдор,
> Ты красив, как помидóдор!
> Никогда не унывай,
> Будь блестящим, как трамвай.

Шагаем вместе мы вперёд
И очень любим мы компот,
А также и котлеты,
Их любят все поэты.

Дядя Фёдор никогда в жизни так не смеялся. Особенно его помидо́дор развеселил.

В день рождения к дяде Фёдору в Простоквашино папа с мамой приехали и подарили ему настоящую игрушечную железную дорогу. Вся деревня приходила к дяде Фёдору играть. И почтальон Печкин тоже.

ГРИБНОЕ ЛЕТО

Однажды кот Матроскин пошёл в лес за грибами. Год выдался на редкость грибной.

В лесу птицы свистят, белки прыгают, зайцы пробегают. Лес чистый. Хорошо в простоквашинском лесу, как в парке.

Видит Матроскин сыроежки. Да такие красивые: и красные, и зелёные, и синенькие, как игрушечки.

— Ура! — закричал Матроскин и давай их собирать.

Набрал полную корзину и было домой собрался, да видит: лисички кругом. А лисички-то лучше!

Все они яркие, жёлто-оранжевые. И ещё тем они хороши, что червяков в них нет. Наверное, червяки — дальтоники, их глаза жёлтый цвет не воспринимают. Они мимо лисичек проползают и на белые грибы набрасываются.

— Ура! — закричал Матроскин.

Он сыроежки на тропинку кучкой высыпал и давай лисички собирать.

Лисички собрал и сам домой собрался. Да видит: подосиновики пошли. Один другого крепче, один другого подосиновее.

«Что ты будешь делать? — думает Матроскин. — Ну и природа у нас! То ни одного грибочка за весь день не найдёшь, то они целыми толпами собираются».

Матроскин все лисички на тропинку высыпал и подосиновиками занялся.

Набрал подосиновиков полную корзину, только собрался домой идти — нá тебе: два белых гриба стоят.

Он подосиновики на тропинку высыпал — стал белые собирать.

Собирает, собирает... Да не больно-то они собираются. Он стал их искать всё дальше в лесу.

Тем временем пёс Шарик в лес за грибами пошёл. Видит, кто-то на тропинке сыроежки высыпал, целую корзину.

«Вот растеряха!» — подумал Шарик про кого-то и все грибы себе в корзинку забрал.

Следом почтальон Печкин за грибами вышел. Прошёл чуть дальше Шарика по дорожке — видит, прямо на дорожке лисички лежат.

«Ну и дела! — подумал Печкин. — Грибы такими кучками растут, что как раз на корзинку хватает».

И все лисички забрал.

Следом за Печкиным дядя Фёдор в лес отправился. Раз все из леса с грибами приходят, чем он хуже?

Идёт он по тропинке. Птички поют, белки с грибами в зубах прыгают. Вот заяц с грибом во рту проскакал. И вдруг прямо перед ним — целая гора подосиновиков!

«Удивительно! — думает дядя Фёдор. — Кто же мне такой подарок сделал?»

Он прокричал:

— Ау! Ау! Чьи это грибы?

Лес молчит. А тут дождик надвигается.

«Помокнут грибы, пропадут», — подумал дядя Фёдор и все грибы в корзинку сложил. Они как раз там поместились. И сам домой пошёл.

К вечеру приходит домой Матроскин, весь мокрый, с двумя белыми грибами на дне корзинки.

— Что же ты без грибов пришёл? — спрашивает Шарик. — Мы с дядей Фёдором целыми корзинками грибы брали.

— Вы потому их брали целыми корзинками, — говорит кот, — что это я их целыми корзинками раскладывал.

И рассказал всё как было. Потом он подумал и добавил:

— И верно говорят люди: «Лучше синица в руках, чем журавль в небе». Обидно только, что одна корзина не нам, а почтальону Печкину досталась.

ДЕНЬ РОЖДЕНИЯ КОТА МАТРОСКИНА

Вообще-то никто не знал, когда кот Матроскин родился. Да и сам он не знал. Поэтому он решил себе выбрать самый лучший день в году и назвать его своим днём рождения.

Дядя Фёдор, пёс и кот сидели утром на нагретом солнцем крылечке и размышляли. Дядя Фёдор говорит:

— Самый лучший день в году — это Новый год. Это и праздник, и ещё подарки дают.

Шарик его поддержал:

— Мне в прошлом году Дед Мороз такой суповой набор костей подарил — закачаешься!

— Какие вы хорошие! — говорит Матроскин. — Вам два раза в год подарки дарят — и в Новый год, и в день рождения. А мне только один раз будут дарить, потому что мои дни совмещаются.

Тогда Шарик предлагает:

— Самый лучший день в году — это тридцатое сентября. В этот день охота открывается.

— Это у тебя охота открывается тридцатого сентября, — ворчит Матроскин. — А у меня она круглый год открыта. Потому что я на мышей охочусь. Не годится мне этот день.

Пошёл Матроскин к Печкину советоваться. Печкин — мужик практический. Он говорит:

— Надо день рождения к осеннему или зимнему сезону подгадать. Тогда тебе как раз вовремя тёплые валенки подарят или сапоги непромокаемые.

— Тёплые валенки или сапоги непромокаемые я и сам себе могу купить безо всякого дня рождения, — отвечает Матроскин. — А в день рождения особые подарки дарят, неправильные. Может быть, совсем даже и не нужные.

— Не надо нам ненужных подарков, — обиделся Печкин. — Нам нужны подарки хозяйственные: лопаты там, грабли всякие или дрова для зимы.

И тогда Матроскин решил:

— Чего тут долго тянуть? Скажу всем, что у меня день рождения завтра. Пусть все мне подарки несут. Не буду я подгадывать к осеннему или зимнему сезону.

Так он и сделал. Объявил всем, что завтра, в последний день мая, у него день рождения.

Испёк Матроскин пирог с клубничным вареньем, стол накрыл разными вкусностями и всех в гости позвал. И все ему подарки принесли.

Дядя Фёдор ему заводную мышку подарил в коробочке. Видно, эта мышка самому дяде Фёдору нравилась. Он сказал:

— Ты, Матроскин, её береги, не играй в неё, а то она сломается.

Матроскин мышку два раза завёл. На третий эта ненастоящая мышка в настоящую норку уехала. Только её и видели.

Шарик Матроскину фотоаппарат подарил — «Полароид». Он сказал:

— Ты наведёшь его на человека, нажмёшь кнопочку — и тут же фотография выползет.

Матроскин ответил:

— Это неправильный подарок. Этот подарок для других хорош, а не для меня. Ведь фотографии не мои вылезают, а тех, кого я фотографирую.

— Ты же сам хотел неправильных подарков, — спорит Шарик. — И потом, ты же будешь друзей фотографировать, а не кого попало. Это и есть главный подарок — людям приятное делать.

Матроскину возразить было нечего, и он замолчал.

Зато почтальон Печкин самые правильные подарки подарил, самые нужные: две лопаты новёхонькие — одна для снега, одна для огорода, и грабли неношеные.

Матроскин тут же на эти грабли наступил.

У него большущая шишка на лбу выросла. Хорошо, что был лёд в холодильнике, и к шишке успели кусочек льда приложить.

Потом все дружно и вкусно обедали. Чокались кружками с молоком и кричали песенку, которую придумал дядя Фёдор:

> Наш Матроскин —
> Старший брат,
> Старший брат.
> Его видеть каждый рад,
> Каждый рад!

И почтальон Печкин пел эту песенку, хотя он был старше Матроскина раз в десять.

А вечером Матроскин пошёл в сарай свои подарки осматривать. Посмотрел он на лопаты, на грабли и сказал:

— Правильно говорят: «В мае родиться — всю жизнь маяться!»

 # СОДЕРЖАНИЕ

СКАЗОЧНЫЕ ИСТОРИИ ПРО ЧЕБУРАШКУ И КРОКОДИЛА ГЕНУ

КРОКОДИЛ ГЕНА И ЕГО ДРУЗЬЯ. *Рис. Т. Черкасовой* 6
В ГОСТЯХ У ЧЕБУРАШКИ. *Рис. Е. Лопатиной* 11
ЧЕБУРАШКА И ЗМЕЙЧИК. *Рис. О. Бай* 14
СКВОРЕЧНИК ДЛЯ БАБОЧКИ. *Рис. Г. Крыжановского* 16
ЛЕТАЮЩИЙ ГЕНА. *Рис. А. Артюха* 19
ГРИБЫ ДЛЯ ЧЕБУРАШКИ. *Рис. С. Богачёва* 21
ЧЕБУРАШКА-ЛЫЖНИК. *Рис. Н. Щербакова* 23
ШАПОКЛЯК НЕ УНИМАЕТСЯ. *Рис. А. Шелманова* 26
КРОКОДИЛ ГЕНА ИДЁТ В АРМИЮ. *Рис. Л. Короева* 28
НОВОСЕЛЬЕ ЧЕБУРАШКИ. *Рис. О. Бай* 34
ЧЕБУРАШКА СМОТРИТ ТЕЛЕВИЗОР. *Рис. Л. Короева* 39

СКАЗОЧНЫЕ ИСТОРИИ ПРО ДЯДЮ ФЁДОРА, ШАРИКА И КОТА МАТРОСКИНА

МАТРОСКИН И ШАРИК ССОРЯТСЯ. *Рис. В. Зайцева* 46
КОТ МАТРОСКИН И КОРОВА МУРКА *рис. А. Артюха* 49
ПЕЧКИН ПРОТИВ ХВАТАЙКИ. *Рис. А. Шера* 52
ШАРИК И БОБРЁНОК. *Рис. Е. Гальдяевой* 55
ОШИБКА ПОЧТАЛЬОНА ПЕЧКИНА. *Рис. А. Шера* 58
ВЕСНА В ПРОСТОКВАШИНО. *Рис. Е. Лопатиной* 61
КАК КОТ МАТРОСКИН КРЫШУ КРАСИЛ. *Рис. А. Артюха* 67
ДЕНЬ РОЖДЕНИЯ ПОЧТАЛЬОНА ПЕЧКИНА. *Рис. А. Артюха* 72
ДЕНЬ РОЖДЕНИЯ ДЯДИ ФЁДОРА. *Рис. А. Артюха* 78
ГРИБНОЕ ЛЕТО. *Рис. А. Артюха* 83
ДЕНЬ РОЖДЕНИЯ КОТА МАТРОСКИНА *Рис. А. Артюха* 88

УДК 821.161.1-1-053.2
ББК 84(2Рос=Рус)6-44
У77

Серия «Добрые сказки»
Литературно-художественное издание
әдеби-көркемдік баспа
Для дошкольного возраста

Эдуард Николаевич Успенский
СКАЗКИ ДЛЯ МАЛЕНЬКИХ
Сказочные истории
Коллектив художников

Серийное оформление и дизайн обложки Т. Барковой
Редактор С. Младова. Художественный редактор Н. Фёдорова
Технический редактор Е. Кудиярова. Корректор И. Мокина. Компьютерная вёрстка А. Фёдоров
Общероссийский классификатор продукции ОК-034-2014 (КПЕС 2008); 58.11.1 — книги, брошюры печатные
Книжная продукция — ТР ТС 007/2011
Дата изготовления 2019 год. Подписано в печать 25.12.2018. Формат 84x108/16
Печать офсетная. Бумага офсетная. Гарнитура Pragmatica. Усл. печ. л. 11,6. Тираж 5000 экз. Заказ № м7447.
Произведено в Российской Федерации
Изготовитель: ООО «Издательство АСТ». 129085, Российская Федерация
Звёздный бульвар, дом 21, строение 1, комната 705, пом. I, 7 этаж
Наш электронный адрес: malysh@ast.ru. Home page: www.ast.ru
Мы в социальных сетях. Присоединяйтесь!
https://vk.com/AST_planetadetstva   https://www.instagram.com/AST_planetadetstva   https://www.facebook.com/ASTplanetadetstva
«Баспа Аста» деген ООО
129085, Мәскеу қ., Звёздный бульвары, 21-үй, 1-құрылыс, 705-бөлме, I жай, 7-қабат
Біздің электрондық мекенжайымыз: www.ast.ru
E-mail: malysh@ast.ru   Интернет-магазин: www.book24.kz   Интернет-дүкен: www.book24.kz
Импортер в Республику Казахстан и Представитель по приему претензий в Республике Казахстан — ТОО РДЦ Алматы,
г. Алматы. Қазақстан Республикасына импорттаушы және Қазақстан Республикасында наразылықтарды қабылдау бойынша өкіл —
«РДЦ-Алматы» ЖШС, Алматы қ., Домбровский көш., 3«а», Б литері, офис 1.
Тел.: 8(727) 2 51 59 90,91 ,факс: 8 (727) 251 59 92 ішкі 107; E-mail: RDC-Almaty@eksmo.kz , www.book24.kz
Тауар белгісі: «АСТ»   Өндірілген жылы: 2019   Өнімнің жарамдылық мерзімі шектелмеген.
Сертификация — қарастырылған
Отпечатано в филиале «Смоленский полиграфический комбинат»
ОАО «Издательство «Высшая школа». Российская Федерация, 214020, Смоленск, ул. Смольянинова, 1
Тел.: +7 (4812) 31-11-96. Факс: +7 (4812) 31-31-70. E-mail: spk@smolpk.ru   http://www.smolpk.ru

Успенский, Эдуард Николаевич.
У77   Сказки для маленьких / Э. Успенский; худож. А. Артюх, А. Шер и др. — Москва : Издательство АСТ, 2019. — 93, [3] с.: ил. — (Добрые сказки).

ISBN 978-5-17-114542-2.

В нашей книге собраны сказки классика детской литературы Э. Успенского для маленьких. Эдуард Успенский написал для детей много сказок и сказочных историй, которые ребята и послушают и почитают самостоятельно. Это сказочные приключения неразлучных Чебурашки и крокодила Гены, истории про очень самостоятельного дядю Фёдора и его верных друзей Шарика и кота Матроскина.
Иллюстрации известных художников.
Для дошкольного возраста.

УДК 821.161.1-1-053.2
ББК 84(2Рос=Рус)6-44

© Успенский Э. Н., насл., 2019
© Ил., Артюх А. И., 2019
© Ил., Бай О. Б., 2019
© Ил., Богачёв С. В., насл., 2019
© Ил., Гальдяева Е. В., 2019
© Ил., Зайцев В. К., 2019
© Ил., Короев Л. И., 2019
© Ил., Крыжановский Г. С., 2019
© Ил., Лопатина Е. Б., 2019
© Ил., Черкасова Т. Ю., 2019
© Ил., Шелманов А. Б., 2019
© Ил., Шер А. С., насл., 2019
© Ил., Щербаков Н. Е., насл., 2019
© Хачатрян Л. А., насл.,
изобразительные персонажи, 1969
© Шварцман Л. А.,
изобразительные персонажи, 1976
© ООО «Издательство АСТ», 2019